BIBLIOTHÈQUE MUSICALE

DE

M. PASDELOUP

Créateur des Concerts Populaires

VENTE

APRÈS DÉCÈS

DE FORTS LOTS DE MUSIQUE

DES MEILLEURS AUTEURS

ET D'INSTRUMENTS DE MUSIQUE

EN L'HOTEL DROUOT

(*Salle n° 10*)

Rues Rossini et Drouot (au rez-de-chaussée)

LES MARDI 5 & MERCREDI 6 JUIN 1888

A DEUX HEURES TRÈS PRÉCISES

Par le ministère de Me SIBIRE, Commissaire-Priseur,

Assisté de

M. DURAND, éditeur, et de MM. GAND et BERNARDEL, luthiers.

FONTAINEBLEAU

IMPRIMERIE ALFRED POUYÉ

19, RUE DE LA PAROISSE, 19

1888

S'ADRESSER POUR LES RENSEIGNEMENTS :

A Me SIBIRE, Commissaire-Priseur à Paris, 22, rue Chauchat;

A Me DUFOUR, Notaire à Paris, boulevard Poissonnière, n° 15;

A M. GERMAIN, Commis-Greffier du Tribunal civil de Fontainebleau, curateur de la succession de M. PASDELOUP.

La vente aura lieu expressément au comptant, avec les 5 0/0 en sus des enchères applicables aux frais de vente.

EXPOSITION PUBLIQUE

Les deux jours de vente

en la même salle, n° 10, de midi à deux heures.

LES RÉCLAMATIONS DEVRONT SE FAIRE AU MOMENT DE CETTE EXPOSITION DE FAÇON A NE PAS INTERROMPRE LA VENTE

BIBLIOTHÈQUE MUSICALE

DE

M. PASDELOUP

Créateur des Concerts Populaires

VENTE

APRÈS DÉCÈS

DE FORTS LOTS DE MUSIQUE

DES MEILLEURS AUTEURS

ET D'INSTRUMENTS DE MUSIQUE

EN L'HOTEL DROUOT

(*Salle n° 10*)

Rues Rossini et Drouot (au rez-de-chaussée)

LES MARDI 5 & MERCREDI 6 JUIN 1888

A DEUX HEURES TRÈS PRÉCISES

Par le ministère de Me SIBIRE, Commissaire-Priseur,

Assisté de

M. Durand, éditeur, et de MM. Gand et Bernardel, luthiers.

FONTAINEBLEAU

IMPRIMERIE ALFRED POUYÉ

19, RUE DE LA PAROISSE, 19

1888

Nos du Répertoire	Noms des auteurs ET Titres des morceaux	Partitions d'orchestre	Parties d'orchestre
	TITRE PREMIER		
	SYMPHONIES		
	ABERT, J.-J.		
81	Christophe Colomb. (Tableau maritime en forme de symphonie).	2	1
	BACH		
87	Deuxième Symphonie.	1	1
	Quatrième Symphonie.	1	1
	BEETHOVEN		
1	Symphonie n° 1, *ut majeur*.	1	1
2	— n° 2, en *ré*.	1	1
3	— héroïque n° 3, *mi bémol*.	1	1
4	— n° 4, *si bémol*.	1	1
5	— n° 5, *ut mineur*.	1	1
6	— pastorale, n° 6.	2	1
7	— n° 7, en *la*.	2	1
8	— n° 8, en *fa* (op. 93),	2	1
9	— n° 9, *ré mineur*. Une partition, orchestre et chœurs. — Une partition, piano, et 80 parties de chœurs.	1	1
10	Symphonie n° 10 (La Guerrière).		1
	BERLIOZ		
71	Symphonie funèbre.	1	1
115	— fantastique. Une partition de la Marche au Supplice, n° 4, et 27 parties d'orchestre de la même Marche (en plus).	1	1
124	Symphonie (Harold).	1	1

Nos du Répertoire	Noms des auteurs ET Titres des morceaux	Partitions d'orchestre	Parties d'orchestre
	BIZET		
68	Symphonie en *ut*.		1
	Parties copiées.		
69	Symphonie (Roma).	2	1
	Les parties d'orchestre copiées.		
	BRAHMS, J.		
125	2e Symphonie, *ré majeur* (op. 73).	1	1
	4e —		1
	BURGMUTTER		
80	Symphonie (op. 11).	1	1
	BERWALD, FRANZ		
	Symphonie, *sol mineur*.	1	1
	Une partition, piano en plus.		
	DAVID, FÉLICIEN		
111	Symphonie en *mi bémol*.	1	1
	ESSER		
109	Symphonie, *ré mineur*.	1	1
	ELLERTON, J.-L.		
92	Symphonie, *ré mineur*.	1	1
	GADE, W.		
60	Symphonie (op. 5).	1	1
61	— *la mineur* (op. 15).	1	1
62	— *si bémol majeur* (op. 20).	1	1
63	— *sol mineur* (op. 32).	1	1
	GOUVY		
46	1re Symphonie, *mi bémol*.	3	1
	Parties d'orchestre en double et une partition manuscrite de l'auteur.		

Nos du Répertoire	Noms des auteurs ET Titres des morceaux	Partitions d'orchestre	Parties d'orchestre
	GOUVY		
47	2e Symphonie en *fa*.	1	1
48	3e — *ut majeur*.	1	1
112	4e — *ré mineur*.	1	1
49	5e — *si bémol*. Parties d'orchestre copiées.		1
	GOUNOD		
50	Symphonie, *ré majeur*, no 1. Partition manuscrite de l'auteur.	1	1
51	Symphonie, *mi bémol*, no 2.	1	1
	GODARD		
	Symphonie, ballet. Une partition piano.		1
	GOLDMARK		
	Symphonie (op. 26).	1	1
	HAYDN		
	2e Symphonie, *ut majeur* (L'Abandonnée). Parties d'orchestre copiées.	1	1
	4e Symphonie, *la majeur*. Parties d'orchestre copiées.	1	1
	6e Symphonie (Roxelane).		1
	7e — Parties d'orchestre copiées.		1
	8e Symphonie.		1
	10e —	1	1
	11e —		1
	12e —		1
	13e —		1
	14e — *mi mineur*.		1
	15e — (La Chasse).		1
	16e —		1

Nos du Répertoire	Noms des auteurs ET Titres des morceaux	Partitions d'orchestre	Parties d'orchestre
	HAYDN		
	18e Symphonie.		1
	20e — en *sol*.		1
	21e — (La Reine).	1	1
	23e — en *la majeur*.		1
	25e — (L'Ours), *ut majeur*.		1
	26e —		1
	27e — *si bémol*.	1	1
	29e — *sol majeur*.		1
	Un violon conducteur.		
	30e Symphonie, en *ut*.	1	1
	Parties d'orchestre copiées.		
	31e Symphonie, *sol majeur*.		1
	Parties d'orchestre copiées.		
	32e Symphonie, *mi bémol*	1	1
	41e — *ut mineur*.	1	1
	Plus une partition piano.		
	42e Symphonie (La Surprise), *sol majeur*.	1	1
	43e — *ré majeur*.		1
	Une partition piano		
	44e Symphonie, *ut majeur*.	1	1
	45e — *ré majeur*.		1
	46e — *si bémol*.	1	1
	48e — (La Militaire), *sol majeur*.	1	1
	49e — *ré majeur*.	2	1
	50e — (Solo de Violon), *mi bémol*.	2	1
	51e — *ré majeur*.	1	1
	52e — *si bémol*.	1	1
	53e — *mi bémol majeur*.	1	1
	Symphonie lettre F, en *sol*.		1
	— impériale.	1	1
	— concertante.		1

Nos du Répertoire	Noms des auteurs ET Titres des morceaux	Partitions d'orchestre	Parties d'orchestre
	HARTMANN, ÉMILE		
	Symphonie (op. 29).	1	1
	HILLER		
74	Symphonie.	1	1
	H. G.		
	Introduction et scherzo d'une Symphonie.	1	1
	JONCIÈRES, V.		
116	Symphonie romantique. Plus l'Andante, partition manuscrite, et 41 parties d'orchestre copiées.	1	1
	KLUPPEL		
	Symphonie, *ré mineur*.	1	1
	LACKNER		
79	Symphonie, *ut mineur*.		1
	LITZ		
83	Mazeppa, symphonie. L'orchestre double.	1	1
95	Dante, symphonie infernale. 40 parties de chœurs.		1
104	Le Tasse.	1	1
105	Symphonie héroïque funèbre.	1	1
131	Faust, symphonie.	1	1
	MENDELSSOHN		
76	1re Symphonie (Cantate). Deux partitions, piano et chant. — Une partition orchestre et 88 parties de chœurs.	1	1
77	3e Symphonie, *la mineur* (Ecossaise).	1	1
78	4e — *la majeur* (Romaine).	1	1
90	5e — (Réformations).	1	1

Nos du Répertoire	Noms des auteurs ET Titres des morceaux	Partitions d'orchestre	Parties d'orchestre
	MOZART		
	2e Symphonie, *en ré*.	1	1
	3e — *sol mineur*.	1	1
	4e — *ut majeur*.	1	1
	5e — (Sérénade).	1	1
	6e — *ré majeur*.	1	1
	7e — *mi bémol*. L'orchestre en double.	2	1
	8e Symphonie (Jupiter).		1
	9e — (Concertante).		1
	NORMAN, LUDVIG		
	Symphonie n° 2. Une partition piano.		1
	RAFF, J.		
120	Dans la forêt, symphonie (op. 153). Une partition piano.	1	1
121	Lénore, symphonie, *mi bécarre majeur* (op. 177).	1	1
128	Symphonie n° 2, *ut majeur*.		1
129	— n° 9, *mi mineur* (Le Sommeil).		1
	REBER		
114	Deuxième symphonie, *ut majeur*.	1	1
	RUBINSTEIN		
130	Symphonie dramatique n° 4, *ré mineur*.	1	1
57	Océan, deuxième symphonie.	1	1
57	Adagio, scherzo de la symphonie l'Océan.	1	1
	Sixième symphonie.	1	1
	REINBERG		
106	Sampieri, adagio et allegro d'une symphonie en *ré majeur*. Un violon conducteur,		1

Nos du Répertoire	Noms des auteurs ET Titres des morceaux	Partitions d'orchestre	Parties d'orchestre
	RUFER		
	Symphonie en *fa majeur.*	1	1
	RHEINBERGER		
	Symphonie en *fa majeur.*	1	1
	SAINT-SAENS, C.		
59	1re Symphonie, à grand orchestre (op. 2).	1	1
58	2e — *la mineur.*	1	1
	SCHUMANN, ROBERT		
53	1re Symphonie, *si bémol* (op. 38).	1	1
54	2e — *ut* (op. 61).	1	1
55	3e — *mi bémol.*	1	1
56	4e — *ré mineur.*	1	1
90	Ouverture, scherzo, finale (op. 52).	1	1
	SCHUBERT		
52	Symphonie, *ut majeur.*	1	1
94	Fragments symphoniques. Œuvre posthume.	1	1
	SGAMBATI		
	Symphonie (op. 16).	1	1
	SPOHR		
64	1re Symphonie, *mi bémol.*		1
65	4e — (La Naissance). Un violon conducteur.		1
82	Symphonie historique.	1	1
	SVENDSEN		
119	Symphonie, *ré majeur.*	1	1
	TSCHAIKOWSKY		
	Troisième symphonie (op. 29).	1	1

Nos du Répertoire	Noms des auteurs ET Titres des morceaux	Partitions d'orchestre	Parties d'orchestre
	VOGEL, F.		
93	Symphonie, *ut mineur*.	1	1
	VOLKMANN		
118	Symphonie, *ré mineur*.	1	1
117	Simphonie, *si bémol*.		1
	WEBER		
70	Première symphonie.		1

TITRE II

OUVERTURES

Nos du Répertoire	Noms des auteurs ET Titres des morceaux	Partitions d'orchestre	Parties d'orchestre
	ABERT		
148	Astorgo, ouverture.	1	1
	Une partie de piano de l'Ouverture.		
	ABENHEIM, J.		
	Ouverture.	1	1
	AUBER		
36	La Muette.	1	1
37	Zanetta.	1	1
38	Manon Lescaut.		1
39	La Sirène.		1
	Une partie de piano de l'Ouverture.		
88	Dieu et la Bayadère.	1	1
134	Le Lac des Fées.	1	1
	BACH		
161	Ouverture ou suite, en *si mineur*.	1	1
81	Ouverture ou suite, en *ré majeur*.		1
	Les parties d'orchestre copiées.		

Nos du Répertoire	Noms des auteurs ET Titres des morceaux	Partitions d'orchestre	Parties d'orchestre
	BEETHOVEN		
23	Ruines d'Athènes, ouverture, chœur et marche.	1	1
22	Coriolan.	1	1
25	Le Roi Etienne.	1	1
	Ouverture en *ut* (op. 124).	1	1
23	Léonore.	2	1
	Léonore (op. 138).	1	1
	Fidelio.	3	1
	Ces trois ouvrages sont ensemble.		
20	Egmont (op. 84).	1	1
	Une partition de piano.		
21	Prométhée, ouverture.	1	1
	Adagio.	1	1
	P. BENOIT		
182	Charlotte Corday.	1	1
	Plus une partition d'orchestre et les parties d'orchestre pour la scène du bal.		
	BARGIEL		
96	Médéa, ouverture.	1	1
	BÉNÉDICT		
8	La Tempête.		1
	BIZET		
151	Patrie, ouverture.	1	1
	La partition autographe de l'auteur avec dédicace à J. Massenet.		
	BERLIOZ		
41	Carnaval Romain.	1	1
42	Les Francs Juges.	3	1
98	Le Roi Lear.	1	1
	Waverley.	1	1
	Corsaire.	1	1

60

N°s du Répertoire	Noms des auteurs ET Titres des morceaux	Partitions d'orchestre	Parties d'orchestre
	BOIELDIEU		
90	Dame blanche.	1	1
	DE BULOW		
58	Ouverture héroïque.	1	1
	CAHEN		
135	Ouverture.		1
	CHOULET		
136	Gonzalve de Cordoue.		1
	CHÉRUBINI		
46	Médée.	1	1
47	L'Hôtellerie Portugaise. Une partie de piano.		1
48	Lodoïska.		1
	Les Abencérages.	1	1
	CIMAROSA		
60	Del Matrimonio Secreto.		1
	CRÊVECŒUR		
62	Ouverture de Concert. Le tout copié.	1	1
	DELABORDE		
133	Ouverture symphonique.	1	1
	FÉTIS		
68	Ouverture de Concert.	1	1
	GADE		
45	Ossian.	1	1
94	Hamlet.	1	1
89	Ouverture (op. 7).	2	1
95	Michel-Ange.		1

Nos du Répertoire	Noms des auteurs ET Titres des morceaux	Partitions d'orchestre	Parties d'orchestre
	GLINKA		
102	La Vie pour le Czar, ouverture, Orchestre en double.	1	1
154	Rousslanne et Ludmila.	1	1
	GLUCK		
71	Iphigénie en Aulide.	1	1
	GOLDMARCK		
111	Ouverture de Sakuntala.	2	1
	GOUNOD		
116	Mireille.		1
179	Le Médecin malgré lui.		1
	HARTMANN		
63	Ouverture de Concert. Le tout copié.	1	1
	Eine nordische heerfarhrt.		1
	HARTOG		
103	Ouverture dramatique (Portia).	1	1
	HALÉVY		
167	Le Juif-Errant.	1	1
	HAENDEL		
74	Galathée. Une partition de piano (édition anglaise).		1
	HÉROLD		
70	Zampa.	1	1
59	Pré aux Clercs.	1	1
	HORNEMAN		
127	Aladin, ouverture.	1	1
	D'INDY		
150	Piccolomini.	2	1

Nos du Répertoire	Noms des auteurs ET Titres des morceaux	Partitions d'orchestre	Parties d'orchestre
	JONAS		
142	Ouverture no 2. Le tout copié.	1	1
	JAVERKY		
	En exil.	1	1
	LACKNER		
156	Fest, ouverture.	1	1
	LEFÉBURE-WÉLY		
69	Ouverture de Concert.		1
	LAZARE		
140	Le Roi de Bohême. Partition autographe.	1	1
	LINDPANDER		
97	Ouverture.	1	1
	LITOLFF		
55	Les Girondins.	1	1
56	Chant des Belges, ouverture.	1	1
57	Robespierre.	1	1
58	Das Welfenlied.	1	1
	MASSENET		
153	Phèdre.	1	1
	MARSCHNER		
35	Lucretia.	1	1
67	Le Vampire.	1	1
	MÉHUL		
49	Le jeune Henri. Une partition de piano et violon conducteur.		1

Nos du Répertoire	Noms des auteurs et Titres des morceaux	Partitions d'orchestre	Parties d'orchestre
	MEYERBEER		
92	L'Etoile du Nord.	1	1
	Avec partition orchestre pour la scène.		
32	Struensée.	1	1
	L'ouvrage complet.		
121	Le Pardon.	1	1
	Partition de piano, et les parties du chœur de l'ouverture.		
108	Le Prophète.		1
93	Ouverture d'inauguration.	1	1
	MENDELSSOHN		
83	Ouverture de Concert.	1	1
12	Die hebriden.		
13	Songe d'une Nuit d'Été.	1	1
	L'ouvrage complet.		
14	La Mer calme.	2	1
15	Ruy Blas.	1	1
16	La Grotte de Fingal.	1	1
17	Mélusine.	1	1
18	Athalie.	1	1
	Partition panio et chant.		
99	Ouverture (Walpurgisnacht) (op. 60).	2	1
	L'ouvrage complet.		
119	Ouverture de Concert.	1	1
	MUNCHS		
117	Ouverture en *ut*.	1	1
	NAUMANN		
	Ouverture.	1	1
	NICOLAI		
64	Les joyeuses Commères.	1	1
	Ouverture.		1

Nos du Répertoire	Noms des auteurs ET Titres des morceaux	Partitions d'orchestre	Parties d'orchestre
	OBERTHUR		
112	Rubezahl, ouverture.	1	1
	PIERSON		
128	Ouverture de Faust.	1	1
	REYER		
163	Sigurd.	1	1
	Partition autographe, avec dédicace.		
	REBER		
164	Ouverture de Naïn.	1	1
	REINECKE		
80	Ouverture de Calderon.	1	1
	RIES		
61	Ouverture solennelle.		1
	Une partition de piano.		
	RAFF, J.		
130	Ein feste.		1
	Une partition de piano à quatre mains.		
132	Ouverture de Concert.	1	1
	Une partition de piano à quatre mains.		
	ROSSINI		
50	Sémiramis.		1
	Un conducteur.		
51	Guillaume Tell.	1	1
52	Le Barbier.		1
53	La Gazza Ladra.		1
	Une partie de piano de l'ouverture.		
54	Le siège de Corinthe.	1	1
73	Otello.		1
	Une partie de piano de l'ouverture.		
	RIETZ		
104	Ouverture de Concert.	3	1

Nos du Répertoire	Noms des auteurs ET Titres des morceaux	Partitions d'orchestre	Parties d'orchestre
	RUBINSTEIN		
155	Don Quichotte.	1	1
157	Ouverture triomphale.		1
	SALVAYRE		
160	Ouverture de Concert.	1	1
	Partition autographe de l'auteur.		
	SAINT-SAENS, C.		
	La Princesse jaune.	1	1
	SCHINDELMEISSER		
145	Ouverture de Loreley.		1
	SCHUMANN		
11	Jules César.	1	1
9	Genoveva.	1	1
10	La Fiancée de Messine.	1	1
123	Manfred et Entr'acte.	1	1
	SPOHR		
115	Faust.		1
	SPONTINI		
78	La Vestale.	1	1
	STIEBELT		
72	Roméo et Juliette.		1
	Une partie de piano de l'ouverture.		
	STUNTZ		
139	L'Arrivée du Printemps.	1	1
	TAUBERT		
124	Ouverture de Blaubart.	1	1
	THOMAS, A.		
177	Carnaval de Venise.	1	1

Nos du Répertoire	Noms des auteurs ET Titres des morceaux	Partitions d'orchestre	Parties d'orchestre
	TSCHAIKOWSKY		
	Roméo et Juliette.	1	1
	VOLKMANN		
158	Ouverture de Richard III. Trois parties copiées, le reste gravé.		
	WAGNER		
77	Tannhauser.		1
99	Ein Faust.	2	1
118	Maîtres Chanteurs.	2	1
85	Rienzi.	2	1
	WEBER		
26	Le Roi des Génies. Un certain nombre de parties copiées, le reste gravé.		1
27	Obéron. Une partie de piano de l'ouverture.	1	1
28	Preciosa.		1
29	Eurianthe.	1	1
30	Robin des Bois.	1	1
31	Jubel.	1	1
	WINTER		
75	Marie Montalban.		1
	WALLACE, W.		
82	Lorelei.		

Nos du Répertoire	Noms des auteurs ET Titres des morceaux	Partitions d'orchestre	Parties d'orchestre
	TITRE III		
	MORCEAUX DIVERS		
	Poëmes symphoniques, — Suites d'orchestre, etc		
	ARLBERG, FRITZ		
	Skogen.	1	1
	Une partie piano à quatre mains.		
	ASANTSCHENSKY		
52	Passa-Tempo.		1
	BACH		
	Gavotte.	1	1
	Tout copié.		
	Bourrée.	1	1
	Tout copié.		
30	Sonate.	1	1
	Tout copié.		
	Sicilienne.		1
	Copié.		
	Sicilienne et Menuet.	1	1
31	Tout copié.		
	Toccata.		1
	BIZET		
90	L'Arlésienne.	2	1
	Parties d'orchestre copiées.		
	Partition manuscrite de l'auteur (non signée).		
175	Tarentelle.	1	1
	Tout copié.		

Nos du Répertoire	Noms des auteurs ET Titres des morceaux	Partitions d'orchestre	Parties d'orchestre
	BEETHOVEN		
22	Le Désir, valse.		1
	BOURGAULT-DUCOUDRAY		
114	Gavotte pour orchestre.	1	1
	BENOIT, CAMILLE		
	Noces Corinthiennes.		1
	BRAHMS, J.		
116	Sérénade en *ré majeur*, pour grand orchestre.	1	1
166	Variations sur un thème d'Haydn.	1	1
167	Ungarische Tauze.	1	1
	CHÉRUBINI		
134	Achille à Scyros, ballet. Tout copié.	1	1
	DARGOMYSKY		
132	Fantaisie sur une Danse cosaque. Parties d'orchestre copiées.	1	1
	DELIBES		
87	Coppelia, ballet. Une partition piano, parties d'orchestre copiées.		1
149	Sylvia, ballet.	1	1
186	Airs de Danse (Le Roi s'amuse).	2	1
	DWORAK		
	Slausche Tauze.	1	1
	FOUQUE, OCTAVE		
101	Rêverie (Chants d'Automne). Tout copié.	1	1
	FRANK, CÉSAR		
131	Rédemption, poème symphonique.	1	1

Nos du Répertoire	Noms des auteurs ET Titres des morceaux	Partitions d'orchestre	Parties d'orchestre
	FLÉGIER		
	Marche de gala.	1	1
	GAITTET		
	Petit Paul (Elégie). Tout copié.	1	1
	GEVAERT		
193	Castor et Pollux, danses célèbres disposées en suite d'orchestre d'après Lully, Rameau et Gluck). Les parties d'orchestre doubles.	1	1
16	Fantaisie.		1
	GLINKA		
73	Caprice brillant en forme d'ouverture sur la Jota Aragonèsa.	2	1
95	Komarinskaja.	1	1
105	Souvenir d'une Nuit d'Été à Madrid, fantaisie sur des thèmes espagnols.	1	1
17	Fantaisie.		1
	GOLTSCHALK		
178	Tarentelle célèbre.		1
	GOLDMARCK		
185	Ballet de la Reine de Saba.	1	1
	GOUNOD		
76	Ballet de la Reine de Saba. Deux pianos conducteurs.		1
80	Philémon et Baucis, entr'acte et air de ballet. Un conducteur, parties d'orchestre copiées.		1
186	Saltarelle.	1	1
146	Ballet Louis XIII (Cinq-Mars). Une partition, piano et chant, de tout l'ouvrage.		1

N^os du Répertoire	Noms des auteurs ET Titres des morceaux	Partitions d'orchestre	Parties d'orchestre
	GOUNOD		
176	Sélection sur Faust. ✕ Arrangée par Stasuy.	1	1
177	Offertoire, pour orchestre. Tout copié.	1	1
	Airs de Ballet de Polyeucte. ✕		1
	GODARD		
155	Kermesse. Une partition piano.	1	1
160	La Brésilienne.	1	1
165	Marche funèbre.	1	1
169	Danse des Bohémiens (Le Tasse).	1	1
	GUIRAUD		
89	Suite d'Orchestre. ✕ Parties copiées.	1	1
163	Danse Persane. ✕	1	1
	GLUCK		
124	Fragments symphoniques d'Orphée. Partition complète piano et chant. Orchestre copié ne comprenant que les fragments symphoniques.	1	1
48	Airs de Danse d'Iphigénie en Aulide.		1
	HAENDEL		
118	Largo, pour hautbois, thème et variations. Copié et gravé.	1	1
	HAMERIK, ASGER		
107	Dans la Forêt, suite d'orchestre.	2	1
	Suite d'orchestre (op. 25) (Nordesche).	1	1
	JONCIÈRES		
156	Sérénade Hongroise.	1	1

Nos du Répertoire	Noms des auteurs ET Titres des morceaux	Partitions d'orchestre	Parties d'orchestre
	JONCIÈRES		
	Prélude de la Reine Berthe.		1
	Une partie piano du prélude.		
	Polonaise de Dimitri.		1
	JONAS		
78	Sarabande.		1
	LALO		
103	Divertissement.	1	1
	Tout copié (Dédicace de l'auteur sur la partition).		
	LACKNER		
13	1re, 2e, 3e, 4e, 5e, 6e suites d'orchestre.	6	6
	Une partition et un orchestre de chaque suite.		
	LACOMBE		
	Suite d'orchestre pastorale.	1	1
	LITZ		
137	Rhapsodie.		1
38	Les Préludes.	1	1
	LULLI		
135	Gavotte célèbre.		1
	LEMAIGRE		
	Fragments symphoniques.	2	1
	LYSBERG		
	La Baladine, caprice.		1
	Une partie piano.		
	MASSENET		
304	Les Erinyes.	1	1
	Première suite d'orchestre.	2	1
	Scènes pittoresques (4e suite d'orchestre).	1	1

Nos du Répertoire	Noms des auteurs ET Titres des morceaux	Partitions d'orchestre	Parties d'orchestre
	MASSENET		
	Scènes Napolitaines (5e suite d'orchestre).	1	1
	Le Roman d'Arlequin, pantomime.	1	1
170	Le dernier Sommeil de la Vierge.	1	1
171	Mélodie Hindoue variée (Le Roi de Lahore).	1	1
	Divertissement des Esclaves persanes.	1	1
175b	Entr'acte et Sévilliana (Don Cézar de Bazan).	1	1
	METZDORFF		
92	Rêverie (op. 6).	1	1
	MEYERBEER		
62	Robert le Diable, air de ballet.		1
66	Prélude de l'Africaine. Un violon conducteur.		1
	MOZART		
88	Airs de ballet de Don Juan. Parties d'orchestre copiées.	1	1
145	Raillerie musicale (op. 93).		1
	MULLER, LANGE		
	Alhambra.		1
	NAPRAWRICK		
204	Danses nationales.	1	1
	PAGANINI		
97	Mouvement perpétuel.		1
	PALADILHE		
127	Le Passant (de Coppée). Une partition piano.		1
	PESSARD		
	La Marseillaise.	1	1

Nos du Répertoire	Noms des auteurs ET Titres des morceaux	Partitions d'orchestre	Parties d'orchestre
	RAFF, J.		
63	Suite d'orchestre.	2	1
	Ciaconna.	1	1
	RAMEAU		
177	Musette et Tambourin (fêtes d'Hébé).	1	1
	Castor et Pollux.	1	1
	REINECKE		
53	Vorspiel.		1
	RIMKI-KORSAKOFF		
140	Sadko (Légende Russe). Parties d'orchestre copiées.	1	1
	RITTER		
	Marche funèbre.		1
	Invocation.		1
304	Suite d'orchestre.		1
20	Suite d'orchestre à la Hongroise (op. 94).	1	1
	REBER		
123	Entr'acte et Valse de la Nuit de Noël. Tout copié.	1	1
	REYER		
	Marche Tzigane.	1	1
	RUBINSTEIN		
148	Airs de ballet de Ferramors.	1	1
	Adagio et Scherzo.	1	1
170	Ballet du Démon.	2	1
	Bal costumé (op 103).	1	1
	ROSSINI		
183	Fantaisie sur le Comte Ory. Le tout copié.	1	1

Nos du Répertoire	Noms des auteurs ET Titres des morceaux	Partitions d'orchestre	Parties d'orchestre
	SAINT-SAENS, C.		
86	Le Rouet d'Omphale. X Parties d'orchestre copiées.	1	1
111	Phaéton, poème symphonique.	1	1
125	Danse macabre.	1	1
134	Suite pour orchestre.	1	1
139	La jeunesse d'Hercule.	1	1
144	Air de ballet (Samson et Dalila).	1	1
173	Une Nuit à Lisbonne.	1	1
174	La Jota Aragonèse.	1	1
190	Suite Algérienne. X	2	1
	Airs de ballet d'Etienne Marcel.	2	1
	Danse des Prêtresses de Dagon.	1	1
	Ballet Henri VIII et Marche du Synode.	1	1
	SCHUBERT		
114	Entr'acte de Rosamunde.		1
	SCHUMANN		
64	Abendlied.		1
	Bilder ans osten (op. 66).		1
91	Berceuse (op. 124). Le tout copié (orchestré par Monzin).	1	1
106	Chant du Soir. Orchestré par Saint-Saëns.	2	1
141	Fragments de Manfred (op. 115).	1	1
149	Et ouvrage complet.		
	SCHINDELMEISSER		
74	Fantaisie pour orchestre.		1
	SPOHR		
	Intermezzo. Partition copiée, une partition piano.	1	1

Nos du Répertoire	Noms des auteurs ET Titres des morceaux	Partitions d'orchestre	Parties d'orchestre
	SVENDSEN, JOHAN		
150	Rhapsodie Norwégienne.	1	1
	TAUBERT		
126	Entr'acte. Tout copié.	2	1
	TEN-BRINK, JULES		
96	Suite en *sol*. Tout copié.	1	1
	THOMAS, A.		
80	Entr'acte de Mignon.	1	1
	TSCHAIKOWSKI		
193*b*	Suite d'orchestre.	1	1
	Marche miniature (op. 43).	1	1
176	La Tempête.	1	1
	Caprice Italien (op. 45).	1	1
	VERDI		
112	Prélude de la Traviata (4e acte). Tout copié.	1	1
	WEBER		
40	Invitation à la Valse. Orchestrée par Berlioz.	1	1
	WAGNER		
67	Prélude des Maîtres Chanteurs.	1	1
187	Prélude de Parsifal.	1	1
188	Le Vendredi-Saint de Parsifal.	1	1
195	Prélude de Lohengrin. Partition copiée.	1	1
198	Fragments de Parsifal (scène des Cloches, final du 1er acte).	1	1

Nos du Répertoire	Noms des auteurs ET Titres des morceaux	Partitions d'orchestre	Parties d'orchestre
	TITRE III *bis*		
	MARCHES		
	BERLIOZ		
173	Marche Troyenne.	2	1
	Parties d'orchestre double.		
143	Marche Hongroise.	2	1
44	Marche des Pèlerins (Harold).	1	1
	HANS DE BULOW		
109	Marche des Impériaux.	1	1
	GOUNOD		
172	Marche funèbre d'une Marionnette.	2	1
174	Marche de la Reine de Saba.		1
	Un conducteur au piano.		
	GOUVY		
147	Hymne et Marche.		1
	CHOPIN		
106	Marche funèbre.	2	1
	MOZART		
3	Marche Turque.	1	1
	Un certain nombre de parties copiées.		
	MENDELSSOHN		
129	Trauer Marsch.	1	1
	Marche (op. 108).	1	1
120	Marche des Paysans Alsaciens.		1
	Les parties copiées.		

N°s du Répertoire	Noms des auteurs ET Titres des morceaux	Partitions d'orchestre	Parties d'orchestre
	MEYERBEER		
33	Schiller March. Un certain nombre de parties copiées.	1	1
34	Marche et Galop du Prophète.	1	1
	MICHAELIS		
181	La Patrouille Turque. Partition d'orchestre copiée.	1	1
	NAUMANN		
138	Fest March.	1	1
	SAINT-SAENS, C.		
113	Marche héroïque. Partition et parties d'orchestre copiées.	1	1
	SCHUBERT		
171	Impromptu Hongrois, marche. Un conducteur au piano.		1
	SCHUMANN		
1	Marche funèbre (op. 44), extraite du Quintette. Orchestrée par B. Godard.	1	1
2	Marche funèbre (op. 99), en *ré mineur*. Un violon conducteur, parties copiées.		1
	WAGNER		
76	Marche du Tannhauser.	1	1
149	Marche Religieuse. Parties copiées.	1	1
178	La Chevauchée.	1	1
166	Marche funèbre.	1	1

Nos du Répertoire	Noms des auteurs ET Titres des morceaux	Partitions d'orchestre	Parties d'orchestre
	TITRE IV		
	CONCERTOS		
	BACH		
21	2e Concerto en *ré*.	1	1
	Les parties d'orchestre copiées.		
	Andante du 3e Concerto.	1	1
	Les parties d'orchestre moitié copiées.		
	BAILLOT		
120	Andante du 7e Concerto, pour violon.		1
	Les parties d'orchestre copiées.		
	BEETHOVEN		
2	Concerto pour piano, no 1, *ut majeur*.	1	1
	Les parties d'orchestre en double.		
46	Concerto pour piano, no 2, *si bémol majeur*.	1	1
47	Concerto pour piano, no 3, *ut mineur*.	1	1
130	— — no 4, *sol majeur*.	1	1
58	— — no 5, *mi bémol*.	1	1
	Les parties d'orchestre en double.		
3	Concerto pour violon, *ré majeur* (op. 61).	1	1
194	Romance *en sol*, pour violon.		1
61	— en *fa*, —		1
	Une partie piano conducteur.		
158	Romance en *sol*, pour violon.		2
	Une partie piano conducteur et deux parties piano simple.		
	BERLIOZ		
122	Romance, pour violon.		1
	Une partie piano conducteur.		
159	Rêverie-Caprice, pour violon.	1	1

Nos du Répertoire	Noms des auteurs ET Titres des morceaux	Partitions d'orchestre	Parties d'orchestre
	BERR		
8	Concerto, pour clarinette, *mi bémol.*		1
	Air varié, pour clarinette, *si bémol.* Un piano conducteur.		1
	CHOPIN		
54	2e Concerto, pour piano (op. 21).	1	1
	DUNKLER		
119	Au bord de la Mer, rêverie, solo de violoncelle. Le tout copié.	1	1
	DEMERSSEMAN		
	Le Trémolo, air varié pour flûte. Un piano conducteur.		1
	GEVAERT		
128	Andante et Menuet du 4e Concerto d'Haendel.	1	1
	GODARD		
	Concerto romantique, pour violon. Un piano conducteur.		1
180	Introduction et Allegro. Un piano conducteur.		1
	HAENDEL		
	Andante et Menuet du 4e Concerto, pour hautbois, solo et quintette à cordes. Arrangé par Gevaert.	1	1
	Air varié du 12e Concerto, pour quatuor.	1	1
	Fragments du 5e Concerto, pour deux hautbois et quintette à cordes.	1	1
	HABENECK		
43	Adagio et Polonaise, pour violon. Une partition de piano.		1

Nos du Répertoire	Noms des auteurs ET Titres des morceaux	Partitions d'orchestre	Parties d'orchestre
	HUMMEL		
45	Concerto en *la mineur*, pour piano. Une partie piano principal.		1
	KREUTZER		
6	Concerto, pour violon. Lettre F. Un violon principal.		1
	13e Concerto. Lettre A.		1
	Concerto. Lettre G. Un violon principal.		1
	LITOLFF		
51	4e Concerto symphonie, pour piano. Piano principal.		1
	LORENZ		
40	Romance, pour cor. Tout copié.		1
	LECOQ		
	Andante nuptiale, violon et orchestre.	2	1
	LEMARE		
	Concerto, pour violoncelle. Un piano conducteur.		1
	MENDELSSOHN		
4	1er Concerto, pour piano (op. 25). Partition copiée.	1	1
5	Concerto, pour violon (op. 64). Conducteur piano.		1
55	Concert Arie (op. 94). Parties d'orchestre copiées.	1	1
44	Scherzo et Caprice, pour piano et orchestre.	1	1
18	Sérénade et Allegro Giocoso, piano et orchestre. Une partie piano solo.		1
	MOZART		
1	8e Concerto, en *ré*, pour piano,	1	1

Nos du Répertoire	Noms des auteurs ET Titres des morceaux	Partitions d'orchestre	Parties d'orchestre
	PAGANINI		
56	1er Concerto, pour violon (op. 6).		1
	RODE		
133	Concerto, pour violon (op. 11). Une partition piano.		1
	SCHUMANN		
60	Concerto, pour quatre cors. Les parties de cor.		
	SPOHR		
12	8e Concerto, pour violon (op. 47). Un piano conducteur.		1
	Ottavo Concerto de violon. Un piano conducteur.		1
	9e Concerto de piano. Un piano conducteur.		1
	TSCHAIKOWSKY		
154	Concerto piano. Parties d'orchestre copiées.		1
	VIOTTI		
7	23e et 24e Concertos, pour violon, en *sol*. Un piano conducteur.		1
	VIEUXTEMPS		
85	Concerto de violon (op. 10).		1
180	Ballade et Polonaise.		1
19	Fantasia appassionato.		1
	WEBER		
10	Concerto piano (op. 79). La partition copiée.	1	1
11	2e Concerto, pour clarinette, adagio. Une clarinette principale. Les parties d'orchestre copiées.		1
	Concerto de piano (op. 32). Un piano conducteur.		1

Nos du Répertoire	Noms des auteurs ET Titres des morceaux	Partitions d'orchestre	Parties d'orchestre

TITRE V

QUATUORS, QUINTETTES, SEXTUORS, SEPTUORS, ETC.

Nos du Répertoire	Noms des auteurs ET Titres des morceaux	Partitions d'orchestre	Parties d'orchestre
	BEETHOVEN		
25	Adagio (op. 74), quartetto.	1	1
	Quartetto (op. 59).	1	1
	Quatuor, n° 5, minuetto.		1
	Andante con moto.		1
	Largho sostenuto.		1
	Cavatine, n° 13.		1
	Adagio cantablie.		1
	Largo e cantabile.		1
	Octuor, pour instruments à vent.		1
	Septuor. Les parties d'orchestre en double.	1	1
93	Sérénade, trio.		1
142	Sonate, pour piano et violon.	1	1
	BAZZINI		
151	Gavotte.		1
	BRAHMS		
72	Sérénade, quintette.		1
	BOUSQUET		
75	Quartetto (op. 5). Le tout copié.	1	1

Nos du Répertoire	Noms des auteurs ET Titres des morceaux	Partitions d'orchestre	Parties d'orchestre
	BOCCHERINI		
42	Andante et Minuetto du 46e quintette. Le tout copié.	1	1
99	Menuet du quintette 11. La partition copiée.	1	1
	CHÉRUBINI		
110	Scherzo, quatuor.		1
	GIRARD, J.		
164	Sarabande pour quatuor. Le tout copié.	1	1
	GOUVY		
14	Sérénade pour instruments à cordes (op. 11.) Plus une partition et un orchestre copiés.	1	1
	HAYDN		
23	Quartetto n° 1. Partition copiée.	1	1
23	Quartetto n° 4 (op. 50).	1	1
23	36e Quartetto.	1	1
23	Les Sept dernières paroles du Christ. Une partie de piano.		1
23	1er Quatuor (op. 76).		1
23	Largo cantabile.		1
23	Adagio du quatuor n° 30.		1
115	Sérénade extraite du quatuor n° 5 (op. 3).		1
	HUMMEL		
181	Septuor (op. 74).		1
	LECLAIR		
109	Quintette à cordes, andante d'une sonate 1720. Le tout copié.	1	1

Nos du Répertoire	Noms des auteurs ET Titres des morceaux	Partitions d'orchestre	Parties d'orchestre
	LULLI		
	Célèbre Gavotte, orchestrée par Lajarte. Avec flûte, hautbois et bassons.		1
	MENDELSSOHN		
26	2e Quatuor (op. 12).	2	1
32	Ottetto (op. 20).		1
	MOZART		
24	Quintette (op. 108). Partition copiée.	1	1
24	Quintette en *sol mineur*.		1
24	Andante *si bémol*.		1
24	— en *ré*, n° 9.		1
24	Larghetto, n° 24.		1
24	Andante, n° 29.		1
24	Quintette, n° 3.		1
24	— pour flûte et quatuor.		1
	Sérénade, pour deux flûtes, deux clarinettes, deux cors, deux bassons et grand basson ou contre-basse. Œuvre posthume.		1
	Divertissement n° 2, pour instruments à cordes et deux cors.		1
49	Adagio, pour instruments à cordes. Le tout copié.	1	1
	ONSLOW, G.		
121	Nonetto (op. 77). Partition copiée.	1	1
	PESSARD, ÉMILE		
143	Menuet des petits Violons. Partition copiée avec dédicace de l'auteur.	1	1

Nos du Répertoire	Noms des auteurs ET Titres des morceaux	Partitions d'orchestre	Parties d'orchestre
	RINCK, G.		
191	Menuet et Impromptu. Tout copié.	1	1
	REBER		
162	Quatuor (op. 15), berceuse.	1	1
	SCHUMANN		
50	Quintette, rêverie.	1	1
27	— (op. 44).	1	1
	SPOHR		
15	Grand Nonetto, pour violon.		1
	TSCHAIKOWSKY		
196	Quatuor (op. 11).	1	1
	WEBER		
28	Quintette (op. 34), avec clarinette solo. Une partition de piano.		1

Nos du Répertoire	Noms des auteurs ET Titres des morceaux	Partitions d'orchestre	Parties d'orchestre	Parties chant soli	Parties chœurs
	TITRE VI				
	FRAGMENTS D'OPÉRAS				
	ORATORIOS				
	Morceaux détachés de chant seul avec accompagnement d'orchestre				
	MORCEAUX DIVERS				
	ADAM				
	Cantique de Noël. Orchestré par Pillevesse. Le tout copié, une partie orgue.		1		25
8	Noël. Orchestré par V. Joncières.	1	1		
	ARDITI				
95	.		1		
	AUBER				
17	Haydée, n° 8, air. Piano conducteur.		1		41
40	La Circassienne. Copié.	1	1	7	20
64	O Salutaris.		1		51
117	Le premier Jour de Bonheur, romance. Conducteur et partie d'orgue.		1		
132	Cantate. Un violon conducteur.		1		84
155	La Muette. Chœur de la Prière.		1		16
317	Duo de la Muette.		1		
	La Muette. Barcarolle, n° 7.		1		

Nos du Répertoire	Noms des auteurs ET Titres des morceaux	Partitions d'orchestre	Parties d'orchestre	Parties chant soli	Parties chœurs
	AUBER				
	Fragments de l'Enfant prodigue.				
	Il n'y a que des parties de violon. Une partition piano et chant.				
203	Chœur et Marche du Bœuf Apis, n° 8.		1		73
	Ces parties sont avec accompagnement piano.				
	Andante, Andantino, n° 12.			1	
	Couplets et Chœurs, n° 20 (4e acte).				
	Marche de la Caravane, n° 21.		1		
38	Fra Diavolo (Pâques fleuries).		1		1
	Parties de chœur copiées.				
	La Fiancée du Roi de Garbe.		1		1
	Partition piano.				
18	Air pour remplacer le n° 1 du Concert à la Cour.		1		1
	BACH				
307	Air de la Pentecôte.	1	1	1	
150	La Passion.	1	1		
	96 partitions piano et chant, les parties d'orchestre copiées.				
53	Prélude de Bach.	2	1		60
	Parties de chœurs copiées.				
	BALFE				
74	Chœur de la Bohémienne.		1		42
	BARTHE, AD.				
270	Chœur de Chasseurs.	1	1	1	
	Partition copiée.				
	BASOCHE				
	Cavatine et Scène de la Norma.		1		
	Les parties copiées, deux violons conducteurs.				

Nos du Répertoire	Noms des auteurs ET Titres des morceaux	Partitions d'orchestre	Parties d'orchestre	Parties chant soli	Parties chœurs
	BERLIOZ				
144	La Damnation de Faust. La grande partition en deux volumes, une partition piano et chant.	1	1		136
65	L'Enfance du Christ, Deux partitions piano et chant.		1		114
86	Les Troyens, septuor. Parties d'orchestre copiées, deux parties de piano.		1		70
	Requiem. Grand'Messe des Morts. Deux partitions piano et chant.	1	1		168
72	Romeo et Juliette, symphonie dramatique et sherzo. Une partition piano et chant, soli et chœurs.		1		60
.	Tristia, trois chœurs avec orchestre : n° 1, Méditation religieuse ; n° 2, la Mort d'Ophélie ; n° 3, Marche funèbre. Une partition réduite pour piano, violon et basse du n° 1 par Mlle Matteman, une partie piano et chant du n° 2.	1	1		6
	BEETHOVEN				
296	Fidelio, récit et air. Une partition complète piano et chant.		1		
296	Final de l'opéra Fidelio. Parties chœurs en accolade avec piano.		1		104
20	Fantaisie pour piano. Orchestre et Chœurs. Une partie piano de l'œuvre.	1	1		80
	Le Christ au Mont des Oliviers.		1		
82	Adélaïde, cantate. Tout copié.	1	1		

Nos du Répertoire	Noms des auteurs ET Titres des morceaux	Partitions d'orchestre	Parties d'orchestre	Parties chant soli	Parties chœurs
	BEETHOVEN				
97	Messe en *ut*. Les parties de chœur en accolade et une partition de piano et chant, pas d'orchestre.				8
83	Scène et Air (op. 46).		1		
158	Les Ruines d'Athènes. Chœurs sans orchestre.				
	BELLINI				
114	Les Puritains, romance. Un violon conducteur.		1		
88	La Somnambule. Une partition piano et chant.		1		
59	La Straniera, air de Valdegno. Parties copiées.		1		
	BIZET				
250	La jolie Fille de Perth, chœur de la Saint-Valentin.		1		43
	BOITO				
328	Duo de Méphisto. Tout copié.	1	1		
	BOUSQUET				
276	Grande Valse, avec chœurs. Un violon conducteur.		1		7
	BRAHMS				
289	Requiem. Les parties chœurs sont neuves, trois partitions piano et chant.	1	1		162
	CARAFA				
	Air de Masaniello.		1		

Nos du Répertoire	Noms des auteurs ET Titres des morceaux	Partitions d'orchestre	Parties d'orchestre	Parties chant soli	Parties chœurs
	CHÉRUBINI				
	Ave Maria.	2	1		
	Une partition piano et chant, partition copiée.				
	Credo.		1		
	Parties copiées orchestre seul.				
	Blanche de Provence, chœur.	1	1		46
	Plus 28 partitions piano gravées.				
	CIARDI				
110	Le Rossignol, pour flûte et chant.	1	1		
	Tout copié.				
20	Valse chantée.	1	1		
	Tout copié.				
	CIMAROSA				
1	Air de Fidolma, de l'opéra Matrimonio Segreto.		1		
2	Air de Paolino, même opéra.		1		
	DAVID, FÉLICIEN				
86	Le Désert.	1	1		72
	Deux partitions de piano, plus 38 parties chœurs grand format : 72 et 38, 110.				
75	Christophe Colomb.	1	1		205
	Une partition piano et chant.				
	Couplets du Mysolis de la Perle du Brésil.	1	1		
	DONIZETTI				
2	Don Pasquale, duetto.		1		
	Nocturne.		1		
25	Poliuto (Les Martyrs), duo.		1	3	
	Un violon conducteur, parties copiées.				
85	Don Sébastien, romance.		1		
	Une partition piano et chant.				
94	Torquata-Tasso, scène et air.		1		
	Parties copiées.				

Nos du Répertoire	Noms des auteurs ET Titres des morceaux	Partitions d'orchestre	Parties d'orchestre	Parties chant soli	Parties chœurs
	DONIZETTI				
113	Lucrèce Borgia, ballade.		1		
	Violon principal, parties copiées.				
12	Linda, air.		1		
26	L'Elisire d'Amore.		1		
	Une partition piano et chant de l'opéra.				
	FAURE				
	Crucifix.		1		
	FLOTOW				
	Stradella Brindisi, air.	1	1		
	Une partie piano et chant de l'air.				
131	Martha (Aria Nancy).		1		14
	Un violon principal.				
	Martha, air du Ténor.		1	1	
	Un conducteur.				
	Martha, couplets de la Rose.		1		
	Un conducteur.				
	GLINKA				
	Air de Ruslan et Rudinela.		1		
	GLUCK				
48	Armide.		1	2	
	91 partitions piano et chant.				
103	Alceste.		1		
	Une partition piano et chant de l'opéra.				
129	Iphigénie en Tauride, opéra en 4 actes, scène d'Iphigénie et chœur.		1		30
	Parties chant en accolade avec piano.				
130	Iphigénie en Aulide.		1		
	Une partition piano et chant.				
	Air d'Agamemnon, chœur.		1		
	Il n'y a pas de partie de chœurs.				

Nos du Répertoire	Noms des auteurs ET Titres des morceaux	Partitions d'orchestre	Parties d'orchestre	Parties chant soli	Parties chœurs
	GOUNOD				
220	Mireille, chœur du 1er acte (femmes). Parties de chœur en accolade avec piano.		1		19
	La Farandole, chœur 2e acte.		1		27
	Chanson de Magali, duo.		1		
234	Le Vendredi-Saint, chœur. Orchestre seul.		1		
6	Philémon et Baucis.				
	Chœur des Bacchantes. Un conducteur chœurs, un piano quatre mains.		1		60
31	Grand Air.		1		
13	Près du Fleuve étranger.	3	1		100
23	Sanctus.	1	1		44
	Refrain du Chant national (Vive l'Empereur). La partition autographe signée au crayon rouge, parties orchestre copiées.	1	1		70
43	Faust. 1° Valse. 2° Cavatine. 3° Air des Bijoux. Une partition pour chaque numéro.	3	1		28
57	Ave Maria, pour soli et orchestre. Une partition piano et chant.	1	1	2	
64	Reine de Saba. Chœur des Sabéennes. Une partie piano et chant du chœur, parties d'orchestre de l'introduction et 1er tableau du 1er acte. Les parties d'orchestre du n° 9 de la Reine de Saba.		1		33
69	Dans cette Etable, chœur.	2	1		50
66	Chœur des Chasseurs. **Partition autographe de l'auteur.**	1	1		20
92	Le Juif-Errant. **Une partie de chant copiée.**		1		

Nos du Répertoire	Noms des auteurs ET Titres des morceaux	Partitions d'orchestre	Parties d'orchestre	Parties chant soli	Parties chœurs
	GOUNOD				
188	Le Vallon. Une partition piano et chant.		1		
217	Ulysse, tragédie, chœur des Naïades. Un conducteur au piano. La partition orchestre entière de l'ouvrage, les parties orchestre et chœurs sont du chœur des Naïades et des Porchers.	1	1		130
147	Valse de Roméo et Juliette. Une partition piano et chant de la valse.			1	
313	Le Soir, mélodie.		1		
	GOUVY, THÉODORE				
128	Le dernier Hymne d'Ossian.		1		
	GRÉTRY				
63	Colinette à la Cour, double chœur.		1		80
213	Air d'Anacréon. Deux parties piano et chant.			1	
	HAYDN				
174	Les Saisons. Quatre partitions piano et chant, l'orchestre est doublé, les parties de chœur en accolade et cartonnées.	2	1		150
248	O Fons Pietatis. Tout copié.	1	1		100
7	Les Sept paroles du Christ. Incomplet.		1		40
135	Le Songe.	1	1		
151	La Création.	1	1		178
	Récit et air de Raphaël. Parties d'orchestre copiées. Une partition piano et chant (collection Litolff), une partition piano et chant de la Création (ancien).		1		

Nos du Répertoire	Noms des auteurs ET Titres des morceaux	Partitions d'orchestre	Parties d'orchestre	Parties chant soli	Parties chœurs
	HALÉVY				
39	La Magicienne, air et chœur du 1er acte. Deux conducteurs, violon principal.		1		
112	Guido et Ginevra. Une partition piano et chant.		1		
15	Jaguarita, divers. Un conducteur.		1		20
	HAENDEL				
119	Air de Judas Machabée. Une partition complète piano et chant.	1	1		
137	Sainte Cécile, cantate. Une partition piano.		1		
138	Le Messie, air.		1		
139	Il Pensierioso. Une partition de l'ouvrage entier.				
145	Salomon, fragments. Nos 21, 22, 23, 44, 47 et 59.		1		
300	Air de la fête d'Alexandre.		1	1	
316	Air de Cléopâtre (Jules César). Une partie piano et chant de l'air.			1	
292	Air de l'oratorio Samson.		1		
	HÉROLD				
61	Le Pré aux Clercs, grand air du 2e acte, Chœur de la mascarade. Deux parties piano et chant de l'air.		1		60
207	Zampa, Final du 1er acte.		1		11
	— Chœur du 2e acte. Incomplet.		1		17
	LESUEUR				
157	Olympie, marche religieuse et chœur. Tout copié.	1	1		80

Nos du Répertoire	Noms des auteurs ET Titres des morceaux	Partitions d'orchestre	Parties d'orchestre	Parties chant soli	Parties chœurs
	LISTZ				
197	Messe.	1	1		
	Tout copié.				
	LULLI				
	Armide.				
	Une partition piano et chant.				
310	Final du 2e acte.		1		
	Scènes 2, 3, 4.		1		
	Chœur.		1		
	MASSÉ, VICTOR				
106	Les Noces de Jeannette, air du Rossignol.		1		
34	Galathée, air de la Coupe.			3	
	Parties copiées.				
91	La Reine Topaze, air.		1		
	Une partie piano et chant de l'air, un conducteur.				
219	Fior d'Aliza.		1		80
	Un conducteur.				
327	Les Saisons, air de Simonne.		1		
	Une partie piano et chant de l'air.				
	MASSENET				
309	Air d'Hérode (Hérodiade).	1	1		
	Le tout copié.				
	MARCELLO				
152	Psaumes.	1	1		60
	Parties d'orchestre des nos 5, 8, 10; les parties de chœur du psaume 13, partition d'orchestre.				
	MARTINI				
60	Plaisir d'Amour, romance.		1		45
	Sept parties piano et chant, un conducteur.				

Nos du Répertoire	Noms des auteurs et Titres des morceaux	Partitions d'orchestre	Parties d'orchestre	Parties chant soli	Parties chœurs
	MERCADANTE				
24	Cavatine (il Guiramento). Violon conducteur, une partie piano et chant.		1		
111	Cavatine de Zaïre. La partition d'orchestre complète de l'œuvre copiée.	1	1	1	
	MEYERBEER				
326	Mère Grand', nocturne à deux voix. Le tout copié.	1	1		
273	Air de Fidès (Prophète). Une partie piano et chant de l'air.		1		
212	Les Huguenots (Bénédiction des Poignards).		1		2
32	Struensée. Deux partitions de piano.		1		12
4	Le Pardon de Ploërmel, entr'acte et valse.		1	2	
	MEMBRÉE				
3	Page, Écuyer, Capitaine.	1	1		
	MÉHUL				
10	Air d'Ariodan.		1		
14	Air de Joseph. Une partition piano et chant de tout l'ouvrage.		1	1	
	MENDELSSOHN				
154	La Conversion de saint Paul, andante et adagio. Parties de chœur copiées.		1	1	46
164	Athalie.	1	1		120
156	Elie. Une partie d'orgue, parties de chœur copiées; parties supplémentaires de l'orchestre, 125 partitions piano et chant.		1		120

Nos du Répertoire	Noms des auteurs ET Titres des morceaux	Partitions d'orchestre	Parties d'orchestre	Parties chant soli	Parties chœurs
	MENDELSSOHN				
133	Fest-Gesang, an die Künstler.	1	1	6	
	Une partition piano et chant.				
166	Le Songe d'une nuit d'été. Scherzo et Marche, Chœur des fées.		1		82
	Tout copié, partition d'orchestre du scherzo; cinq partitions de piano du chœur.				
	MOZART				
171	La clémence de Tito, 5 nos d'orchestre.				
321	Air.		1		
	Parties copiées.				
	Les Noces de Figaro.				
185	Duo de Suzanne et du Comte.		1		
	Mon cœur soupire, air de Chérubin.		1		
19	Don Juan, air d'Elvire.		1		35
	Tout copié, une partie piano et chant de l'air.				
46	L'Enlèvement au sérail.		1	6	35
	Tout copié.				
123	Requiem à 4 voix.		1	3	120
	Lacrymosa, à part.		1		
	Une partition piano et chant, les parties de chœur en accolade.				
124	Ave verum, chœur à 4 voix.				50
	Une partition piano et chant.				
141	Agnus Dei, solo.		1	1	
	Cosi san tutte.				
170	1. Duo n° 4.			2	
	2. Chœur n° 8.				40
	3. Récitatif et ronde du 2e acte.				

Nos du Répertoire	Noms des auteurs ET Titres des morceaux	Partitions d'orchestre	Parties d'orchestre	Parties chant soli	Parties chœurs
	MOZART				
159	La Flûte enchantée.				
	Air de la Reine de la nuit et récitatif.		1		
	Duetto n° 7, Tamino et Papagino.		1	2	
	Air de Tamino.		1	1	
211	Idoménée.		1		
	PALESTRINA				
	O Filii.				50
	PICCINI				
	Air de Sapho.	1	1		
	Un violon principal, le tout copié.				
	POLIGNAC				
136	Les Driades.	1	1		80
	Tout copié.				
	PROCH				
323	Thême avec variations pour soprano.		1		
	Une partition piano et chant, parties d'orchestre copiées.				
	RAMEAU				
50	La Guirlande, air et chœur du Ballet.	1	1	1	30
56	Castor et Pollux, scène des Champs-Élysées.	1	1		80
	Tout copié.				
	REYER				
286	Sigurd, Réveil de la Walkyrie.		1		
	Une partie piano et chant.				
	RODE				
140	Variations de Rode.		1		
	ROSEN				
142	Dernier jour de Pompéï.	1	1		
	Tout copié.				

Nos du Répertoire	Noms des auteurs ET Titres des morceaux	Partitions d'orchestre	Parties d'orchestre	Parties chant soli	Parties chœurs
	ROSSI				
107	Mitrane, air 1686.		1		
	Une partie piano et chant.				
	ROSSINI				
127	Cavatine de l'Italienne à Alger.		1		
	Une partie piano et chant.				
146	Le siège de Corinthe.				
	Air.		1	1	
	Scène des drapeaux.			6	
	Cavatine.		1		
	Scène et chœur n° 13, Je viens de parcourir.				80
147	Guillaume Tell.				
	Scène et air.		1		
	Air en *fa*.		1		
	Trio.			3	
	Chœur, Jurons par nos dangers.		1		
	Pas de parties de chœur.				
148	Sémiramis.				
	Une partition piano et chant de l'ouvrage.				
	Air d'Arsace.	1	1		
	Duetto.		1		
	Partition piano et chant du duetto et un violon conducteur.				
	Cavatine.		1		
175	Stabat Mater.		1		63
	Deux partitions piano et chant.				
	O Salutaris de la Messe solennelle.		1		
	Une partie piano et chant.				
27	L'Asia in favilla.				
	Chœur pastorale.		1		31
	Trois parties conducteur, parties chœur copiées.				

Nos du Répertoire	Noms des auteurs ET Titres des morceaux	Partitions d'orchestre	Parties d'orchestre	Parties chant soli	Parties chœurs
	ROSSINI				
325	La Charité, chœur. 13 parties piano et chant.		1		110
68	Le Barbier de Séville, Cavatine du 2e acte. Une partition piano et chant, une partie piano et chant de la cavatine, neuf parties chœurs de l'opéra du final du 2e acte.		1		
98	La Cénérentola, air de Fidalma. Un violon conducteur.		1	1	
99	Mathilde de Sabran, rondeau. Un violon principal.	1	1		
108	I. Marimeri, duetto. Deux parties piano et chant.	1	1		
118	Armida, duo. Un répétiteur piano et chant.		1		
121	Moïse. Partition piano complète de l'œuvre, les parties de chœur en accolade avec piano.		1	4	60
	Hymne, Divin prophète. Parties chœur en accolade avec piano.				97
	N° 1. Introduction. Ta noble voix. En accolade avec piano.				60
	Récitatif et air. En accolade avec piano.				40
	RUBINSTEIN				
319	La Nymphe. Parties de chœur copiées.	1	1		30
	SACCHINI				
298	Air d'Œdipe à Colonne.		1		
	SCHUBERT				
247	Der Erlkonig.	1	1		
168	Ave Maria. Parties copiées. Orchestré par Alary.		1		

Nos du Répertoire	Noms des auteurs ET Titres des morceaux	Partitions d'orchestre	Parties d'orchestre	Parties chant soli	Parties chœurs
	SCHUBERT				
274	Sérénade, chœur.	1	1		25
	SCHUMANN				
116	Pitié, air.		1		
153	Faust.	1	1		
	Parties de chœur copiées.				60
	— — et gravées.				64
214	Les Bohémiens, chœur.	1	1		73
	Quatre parties piano et chant.				
	SILCHER				
238	Gloire au Seigneur, hymne.	1	1		
	SPONTINI				
200	Fernand Cortez, air.	1	1	1	
	Partition piano et chant de l'ouvrage, partition d'orchestre en 2 volumes de l'ouvrage.				
	STRADELLA				
	Air.	1	1		
	Une partie piano et chant.				
	THOMAS, A.				
55	Psyché, chœur de Nymphes.		1		40
	Une partition piano et chant, un violon conducteur.				
102	Roman d'Elvire, romance pour ténor.		1		
	Une partie piano et chant de la romance.				
143	Hamlet.				
	Valse ballet.		1		
	Une partition piano et chant.				
	Duo.		1		
	Une partie piano et chant du duo.				
	Scène et air d'Ophélie.		1		
	Deux parties piano et chant.				
	Romance de Mignon.	1	1		

Nos du Répertoire	Noms des auteurs ET Titres des morceaux	Partitions d'orchestre	Parties d'orchestre	Parties chant soli	Parties chœurs
	VACCAY				
115	Romeo et Juliette.				
	Scène, air et duetto.	2	1		
	Tout copié.				
	VERVOITTE, CHARLES				
275	Ni trompette, ni tambour (chœur).		1		10
	Une partition piano et chant.				
	VENZANO				
	Aria et valse.		1		
	VERDI				
216	**Don Carlos.**				
	Duo du 5e acte.		1		
49	**Ernani.**				
	Cavatine d'Elvice.		1	3	
	Air de Carlos.		1		17
	Final du 3e acte.	1	1		30
5	**Le Trouvère.**				
	Canzone.		1		
	Un violon conducteur.				
	Duetto.		1		
	Un violon conducteur.				
	Finale du 4e acte.		1		
	Duo n° 13.		1		
	Air n° 7.		1		
	— n° 9.		1		
	Une partie piano et chant.				
	Air n° 12.				25
	— n° 16.				16
	Parties chœur, paroles en italien.				
	Le Bal masqué.				
	Duo.		1		
	Une partie piano et chant du duo.				

Nos du Répertoire	Noms des auteurs ET Titres des morceaux	Partitions d'orchestre	Parties d'orchestre	Parties chant soli	Parties chœurs
	VERDI				
78	**Rigoletto.**				
	Chanson, duo, quatuor.		1	1	
	Une partie piano et chant du quatuor. Un violon conducteur de la chanson, plus les parties d'orchestre. Duo : un violon principal et l'orchestre. — Tout copié				
79	**La Traviata.**				
	Duo du dernier acte.		1		
	Deux parties piano et chant.				
	Entr'acte du 4e acte.		1		
	Duo du 2e acte.		1		
	Scène finale du 1er acte.	1	1		
58	Macbeth.		1		24
	14 parties piano et chant de l'air n° 11.				
104	Les Vêpres.				
	Ouverture.		1		
	Une partie piano de l'ouverture.				
	Barcarolle.				30
	Duo et Sicilienne.		1		
	Douze parties piano et chant.				
206	Jérusalem, cavatine.		1	1	
	WAGNER				
315	Les Maîtres Chanteurs.				
	Quintette.	2	1	5	
	Chœur des Maîtres Chanteurs.				65
306	Le Vaisseau-Fantôme, air n° 2.		1		
305	Les Adieux de Votan dans la Walkyrie.	2	1		
167	Tannhauser.	1			
	Romance de l'Etoile.	1	1	1	
	Chœur de la Marche.				28
	Chœur, O Ciel.				128
	Septuor.		1	7	

Nos du Répertoire	Noms des auteurs ET Titres des morceaux	Partitions d'orchestre	Parties d'orchestre	Parties chant soli	Parties chœurs
	WAGNER				
29	Lohengrin.				
	Chœur des Fiançailles. ✗	1	1		75
	Romance.		1	1	
	Un conducteur piano				
	Récit.		1	1	
	Un conducteur piano.				
	Marche religieuse.				36
	Prière.		1		
	Scène du 3e acte.		1		
	Scène 2 du 1er acte.				
169	L'Apôtre des Apôtres, chœur.	2	1		40
	Les parties chœur copiées.				
244	Tristan et Iseult, prélude, fragment du duo et hymne à la Nuit.	1	1		
	WEBER				
73	Obéron.				
	Une partition piano et chant de l'ouvrage entier.				
	Chœur n° 1. Dans ces Bois marchons.		1		168
	168 parties piano et chant du chœur.				
	Scène et air.	1			
	Final du 1er acte, chœur des Esclaves.	1	1		40
	Parties copiées.				
	Final du 2e acte.		1		
198	Messe en *sol*.	2			35
162	Euryanthe.				
	Scène et air d'Églantine.		1		
	Chœur final du 1er acte.		1		48
163	Scène et air de Robin des Bois (Annette).	1	1	1	

PARTITIONS D'ORCHESTRE

Ouverture de Saül . . . . Bazzini.
Re Lear . . . . —
Symphonie en *D dur* . . . . Bach.
Passion . . . . —
Id Zueinem Tranespiel . . . . . . Voldemar Bargiel.
Symphonie. . . . . Balakireff.
6e Concerto pour piano en *ré majeur* . . . . Beethoven.
Ouverture d'Egmont. . . . . —
Symphonie héroïque, n° 3. . . . . —
— n° 2 . . . . —
— en *ut*, n° 1, 3 partitions. —
— en *ré*, n° 2. . . . . . . —
Ouverture des Ruines d'Athènes . —
— (op. 115) . . . . —
4e Concerto de piano . . . . —
9e Symphonie en *ré mineur* . . . . —
La Fuite en Egypte . . . . Berlioz.
Lélio ou le Retour à la Vie . . . . —
Schlummerlied. . . . . Burgel.
Ouverture dramatique. . . . . . . Bohmé.
Scenen aus der Frithjof-sage (Frithiol) . . . . Bruch.

Symphonie. . . . . Coennem.
Tarentelle pour orchestre . . . . . Cui.
Polonaise, instrumenté par Breton. Chopin.
Concerto pour piano . . . . Castillon.

Scherzo pour orchestre . . . . . . Draeske.
Symphonie en *sol majeur* . . . . . —
Scherzo. . . . . —

Sylvia, ballet	Delibes.
Symphonie en *ut mineur*	Daniel de Lange.
La siesto Senorita, deux partitions.	Fumi.
Sogno di Gretchen	—
A l'ombre des Palmiers.	—
Sérénade.	Fucks.
Ouverture de Penthesilea	Goldmarck.
Symphonie (op. 26).	—
Hymne et Marche, deux partitions .	Gouvy.
Suite d'orchestre en *fa*	Guiraud.
Gretna-Green, ballet, deux partitions	—
Ballet de Faust	Gounod.
Symphonie en *fa majeur*	Gade.
Symphonie.	—
Scènes poëtiques	Godard.
Plusieurs morceaux détachés	Haendel.
Musette du 6e Concerto.	—
Ouverture (op. 25).	Hartmann.
Rhapsodie, n° 2	Andréas Hallen.
Symphonie, n° 5.	Haydn.
Sevillana.	Hartog.
Marche scandinave	—
Ouverture de haïdeschacht	Holstein.
Symphonie en *ré mineur*	Richard Hol.
Romischer Carnaval	Hans Huber.
Ouverture de Concert, deux partitions	Hiller.
Démétrius (op. 145).	—
Ouverture de Roméo et Juliette . .	Pierson Hugo.
Symphonie romantique.	Joncières.
Symphonie (op. 50)	Jadassokn.
Ouverture	**Kopcakoba.**

Symphonie en *D dur* . . . . Lassen.
Ouverture pour orchestre . . . . . . Lalo.
Symphonie Espagnole . . . . —
Concerto pour violon . . . . —
Ouverture symphonique. . . . . . . Lacombe.
Sérénade . . . . Lefebvre.
Poëme. . . . . Le Borne.
Orphée . . . . Listz.
Symphonie . . . .

PETITES PARTITIONS MINUSCULES

Prélude . . . . Mancinelli.
Messalina, prélude symphonique, deux partitions . . . . —
Gavotte . . . . —
Cléopâtre, Marche funèbre . . . . . —
— Bataglia d'Azio . . . . . . —
A Guido monaco. . . . . —
Cléopâtre, ouverture . . . . —
— Scherzo et Orgia. . . . . —
— Andante. . . . . —
Ballade (La Belle sans merci) . . . . Mackenzie.
Rhapsodie . . . . —
— Écossaise. . . . . —
4e Quatuor . . . . Mendelssohn.
Ottetto . . . . —
Ouverture d'une Nuit d'Été, deux partitions . . . . —
Ouverture de Mélusina . . . . —
— de Concert . . . . —
Quintette (op. 28). . . . . —
2e Quintette. . . . . —

1re Symphonie (op. 11).	Mendelssohn.
3e Quatuor	—
Ballade, deux partitions	Mikalowich.
Héro und Leander	—
Gyaszhangok	—
Ronde du Sabbat.	—
Ouverture de Belmonte et Constance.	Mozart.
2e Symphonie, deux partitions. . . .	—
Symphonie en *ré*	—
— (op. 34)	—
— nº 1	—
— Concertante	—
1er Concerto de piano	—
Scènes Napolitaines	Massenet.
6e Suite d'orchestre, scènes de féerie, deux partitions	—
Scènes Alsaciennes.	—
Symphonie . . . . , ...	Metzdorf.
Francesca di Rimini	Morlacchi.
Alhambra, suite d'orchestre	Muller, Lange.
Hymne de la Nuit	Neukom.
Danses nationales	Naprawnick.
Symphonie	Normand.
Ouverture de Marie Stuart.	Nyevelt.
Andante et Variations	Onslow.
Ouverture de Rubezalh	Oberthur.
Symphonie en *ut mineur*	Paüer.
Marcia de nozze	Pinelli.
Fantaisie-Ballet	Pierné.
Symphonie en *ut majeur*.	Raaf.
Scènes Bretonnes.	Ropartz.
Ouverture.	Reinecke.
Symphonie (op. 79).	Rheinberger.
Ouverture de Démétrius	—

Ouverture (op. 60)	Rubinstein.
Symphonie en *mi mineur*	Raff.
Concerto pour piano	—
Ouverture pour orchestre (op. 127).	—
Symphonie en *ut mineur*.	Reinecke.
— en *la majeur*.	—
Ouverture Ein Macht des Lièdes (op. 104).	—
Bilder aux Ostan (op. 66).	—
Symphonie, deux partitions	Rheinberger.
Ouverture de Naïm.	Reber.
Partition d'orchestre de Goethes (Faust).	A. Radziwil.
Pièce d'orchestre (Pastel).	Rostand.
Symphonie en *fa majeur*.	Rheinberger.
Ouverture de Concert (op. 5). . . .	Rüfer.
— triomphale (op. 43) . . .	Rubinstein.
Concerto de violoncelle (op. 33), quatre partitions.	Saint-Saëns.
Marche héroïque	—
Ouverture d'Iphigénie en Tauride.	Scholz.
Concert stuck, en forme d'ouverture (op. 21)	—
Ouverture du Torquata-Tasso . . .	Schultz-Schwerin.
— et entr'acte de Rosamunde	Schubert.
Ouverture italienischen-style . . .	—
— paragraphe 3	Suppé.
— de Poëte et Paysan . . .	—
— de Concert	Simrock.
— (op. 81)	Schumann.
— de Dorothée (op. 136). .	—
25 Variations	Taubert.
Prologue symphonique. J. Gray . .	Tainouwsky.
Suite en *sol*	Ten Brinch.
Symphonie	Tschaïkouwsky.

Sérénade	Tschaïkouwsky.
2e Symphonie en *ut mineur*	—
Sérénade (op. 48)	—
Symphonie	Urspruch.
Deusthe-Tange, deux partitions, n° 11 et 1	—
Nocturne	—
Konzert, ouverture	—
Ouverture pour orchestre	Ulrich.
Fantaisie	Urban.
Ouverture de Preciosa	Veber.
Messe en *mi bémol*	—
Super Flumina	Viret.
Symphonie en *ré mineur*	Volkmann.
— en *si bémol*	—
Ouverture (op. 24)	Vierlung.
Concerto pour piano (op. 39)	Widor.
Symphonie en *fa*	—
Gavotte	Zurelli.

PARTITIONS GRAND FORMAT

Espana	Chabrier.
Lelio ou le Retour à la Vie	Berlioz.
Symphonie en *la mineur*	Kreutzer.
Fantaisie	Gevaërt.
Rondo capriccioso, orchestré par Deslandres.	Mendelssohn.
Fernand Cortez	Spontini.
Siegfried	R. Wagner.
Waldweben (Siegfried), Aus dem Musik Drama (scène de la Forêt).	—
Worspiel (ouverture de l'opéra Lohengrin) . . .	—
Die Meistersinger von Nürnberg. . . (Les Maîtres Chanteurs de Nuremberg).	—

PARTITIONS PIANO & CHANT

Le premier Jour de Bonheur .	Auber.
La Fiancée.	—
Actéon	—
L'Enfant prodigue, deux partitions.	—
Athalie	Arnoud.
La Bohémienne, 2 partitions .	Balfe.
Le Puits d'Amour	—
Passion	Bach.
L'Enfance du Christ.	Berlioz.
Benvenuto Cellini, deux partitions.	—
Les Troyens	—
La Prise de Troie	—
Lélio ou le Retour à la Vie, deux partitions	—
Captivité de Babylone	E. Bernard.
Mélodies populaires (de Grèce en Orient).	Bourgault-Ducoudray.
David.	Bordier.
L'Arlésienne, deux partitions .	Bizet.
Vingt Mélodies.	—
Noé.	—
Djamileh	—
Messe solennelle.	Boieldieu.
Les Voitures versées	—
Requiem	Brahms.
Geneviève (scène lyrique). . .	Bruneau.
Méfistofele	Boïto.
La Somnambule, 2 partitions .	Bellini.
La Fille du Roi des Aulnes . .	Max Bruck.

Masaniello	Carafa.
Endymion	Alb. Cahen.
Le Précurseur	—
La Belle au Bois dormant . . .	—
Les Bayadères	Catel.
Graziella	Choudens.
Deïdamia, deux partitions. . .	Cressonnois.
Thetis et Pelée	Colasse.
Les Bleuets.	J. Cohen.
Maître Claude	—
Le Triomphe de la Paix. . . .	Samuel David.
Dorotha	Sainton Dobly.
Lackmée, trois partitions . . .	Delibes.
Quinze Mélodies	—
La Tempête	Duvernoy.
Issé	Destouches.
Omphale	—
Les Éléments.	Lalande et Destouches.
La Perle du Brésil	F. David.
Lucie de Lamermoor	Denizetti.
Les sept Paroles	Dubois.
La Déesse et le Berger	Duprato.
Don Pasquale, deux partitions.	Donizetti.
Stradella	Flotow,
Ruth, deux partitions	C. Franck.
Douze Chœurs et une Cantate.	Gounod.
Le Médecin malgré lui	—
Tobie (petit oratorio)	—
Ulysse	—
Jeanne d'Arc	—
Cinq-Mars, deux partitions . .	—
Le Tribut de Zamora	—
Vingt Mélodies.	—
Stabat Mater	—
Faust	—

Sapho	Gounod.
Piccolino	Guiraud.
Stabat Mater	De Grandval.
Sainte Agnès	—
Diane (poëme antique)	Godard.
Symphonie légendaire, 2 partitions	—
Le Tasse, deux partitions	—
La Caravane du Caire	Grétry.
Céphale et Procris	—
Alceste	Glück.
Le Philosophe	Granger.
La Nuit du Sabbat	Guilmant.
Balthazar, deux partitions	—
La Fête d'Alexandre, deux partitions.	Haëndel.
— édition anglaise.	—
Judas Machabée, deux partitions	—
Salomon	—
Hamlet	Hignard.
Lutèce, deux partitions	A. Holmès.
La Création du Monde	Haydn.
Psaume LXXVII	Hess.
Zampa	Hérold.
Les Argonautes, 68 partitions	Holmès.
Le dernier jour de Pompéi	Joncières.
Sardanapale	—
La Mer (ode symphonique)	—
Judith, 128 partitions	Lefebvre.
Les Chants de la Patrie	Lacombe.
Psaume XXIII	Lefebvre.
Espoir	—
Melka (légende fantastique)	—
Les Fondateurs de l'Opéra Français.	Lacome.
David	Eug. Lachurie.
Welleda	Lenepveu.
Pierre le Grand, deux partitions	Lortzing.

Isis.	Lully.
Bellérophon, deux partitions. . .	—
Athys	—
Thésée.	—
Armide.	—
Proserpine.	—
Persée	—
Roland.	Lully et Colasse.
Les Saisons	—
Ossian ou les Bardes	Lesueur.
Edith.	Marty.
Le Templier et la Juive.	Marschner.
La Nativité	Maréchal.
Peines d'Amour.	Mozart.
Don Juan, deux partitions	—
Ariane	Maupéou.
Hérodiade, deux partitions	Massenet.
Narcisse (idylle antique)	—
Poëme du Souvenir.	—
Manon. . . . . . . , ...	—
Don César de Bazan.	—
Poëme d'Avril.	—
Marie-Magdeleine.	—
Oratorio de saint Paul, deux partions	Mendelssohn.
42e Psaume	—
Loreley.	—
Messe solennelle.	Méhul.
Stabat Mater.	Almaury de Maistre.
Cantate	Meyerbeer.
L'Africaine, deux partitions . . .	—
Il Guiramento.	Mercadante.
L'Irato ou l'Emporté	Méhul.
L'Enlèvement au Sérail.	Mozart.
Requiem.	—

Le 91e Psaume, pour 2 chœurs à 8 voix et piano.	Meyeerbeer.
Le Pardon de Ploërmel.	—
Oratorio de Noël	Mendelssohn.
Les Saisons	V. Massé.
La Flûte enchantée	Mozart.
Les joyeuses Commères.	Nicolaï.
Madame Favart	Offenback.
La Fille du Tambour-Major . . .	—
Les Contes d'Hoffmann.	—
Tobie, deux partitions	Ortolan.
Tabarin . . . . . . , ...	E. Pessard.
La Résurrection de Lazare	R. Pugno.
Ermelinde	Philidor.
La Gioconde.	Ponchielli.
Roland.	Picini.
Didon	—
Stabat et Requiem	Pergolèse et Mozart.
Sigurd	Reyer.
La Statue	—
Le Selam.	—
Les Martyrs	Etienne Rey.
Zoroastre	Rameau.
Dardanus	—
Les Indes galantes.	—
Plotée ou Junon jalouse	—
Le Siège de Corinthe	Rossini.
Bruschino	—
Gloria victis	Rostand.
Ruth. . . . . . . , ...	—
La Tour de Babel	Rubinstein.
Messe solennelle, 9 partitions . .	Savard.
Samson et Dalila	Saint-Saëns.

Cœli Ennarant (Psaume XXIII)	Saint-Saëns.
Vingt Mélodies	—
La Lyre et la Harpe	—
Scène d'Horace, deux partitions.	—
La Princesse jaune	—
Etienne Marcel	—
Requiem	—
Le Déluge, cinq partitions	—
Renaud.	Sacchini.
Chimène ou le Cid	—
Œdipe à Colonne	—
La Croisade des Dames	Schubert.
La Prière du Matin	Saint-Quentin.
Le Cantique de l'Avent	Schumann.
Mignon.	—
Le Paradis et la Péri	—
Les Danaïdes.	Salièri.
Tarare	—
Fernand Cortez	Spontini.
La Vestale.	—
Psyché	A. Thomas.
Mignon	—
Rigoletto.	Verdi.
Don Carlos.	—
La Traviata	—
Macbeth	—
Le Trouvère.	—
Jérusalem	—
Ernani	—
Aïda	—
Requiem	—
Le Freichutz, deux partitions.	Weber.
Eurianthe	—
Stabat Mater.	Valenti.
Les Lupercoles	Wormser.

Clytemnestre	Wormser.
Les Poëmes de la Mer	Wekerlin.
Les Amants de Vérone.	Yvry (Marquis d').
Israël en Égypte, 91 partitions.	
Gallia, 60 parties de chœur . .	Gounod.
Marie-Magdeleine, 100 parties de chœur	Massenet.
Stabat Mater, 208 parties de chœur.	Bourgault-Ducoudray.

PARTITIONS PIANO ET CHANT

GRAND FORMAT

Die Walhure	Wagner.
Das Rheingold.	—
Gotterdammerung	—
Die Meistersinger von Nürnberg.	—
Siegfried . . . , ...	—
Siegfried Tod, Trauer marsch de Wagner, quatuor et piano, arrangé par Stasny (partition)	—
Rienzi, partition piano et chant, grand format	—
Goethe's Faust	Anton Radziwill.
Macbeth	Taubert.
La Nonne sanglante	Gounod.
Léonore	Beethoven.
Macbeth	Verdi.
Les joyeuses Commères	O. Nicolai.
Lohengrin, piano solo, partition piano à quatre mains .	Wagner.
Christophe Colomb, piano solo. .	F. David.

Quatre gros paquets de Morceaux de Musique pour Piano.

INSTRUMENTS DE MUSIQUE

Cors de diverses sortes, Pistons, Trombones, Trompettes avec étuis, etc.

N. B. — Les parties d'orchestre de chaque œuvre comprennent, outre les parties au complet :

Environ 7 premiers Violons.
— 7 deuxièmes —
— 5 Altos.
— 5 Violoncelles.
— 5 Contrebasses.

MANUSCRITS RÉCLAMÉS

1° Symphonie en *ut*. . . . . Bizet.
2° Roma . . . . —
3° Patrie . . . . —
4° L'Arlésienne. . . . . —
5° Tarentelle . . . . —
6° Symphonie en *mi bémol*. . . . . Gounod.
7° Ouverture Polonia. . . . . R. Wagner.

Fontainebleau. — Imp. & Lib. Pouyé, rue de la Paroisse.

www.ingramcontent.com/pod-product-compliance
Ingram Content Group UK Ltd.
Pitfield, Milton Keynes, MK11 3LW, UK
UKHW022109170726
13837UKWH00003B/1135

9 782019 924812